6 Mars 1914.

VENTE

Du Vendredi 6 Mars 1914

HOTEL DROUOT, SALLE N° 10

A DEUX HEURES

SIÈGES & MEUBLES

ANCIENS ET DE STYLE

FAIENCES, PORCELAINES, BRONZES

Objets d'Art d'Extrême-Orient

TAPISSERIES ANCIENNES

TAPIS D'ORIENT ET D'AUBUSSON

COMMISSAIRE-PRISEUR

Me F. LAIR-DUBREUIL

EXPERTS

MM. PAULME et B. LASQUIN Fils

CATALOGUE

DES

Sièges et Meubles

ANCIENS ET DE STYLE

Tableaux, Aquarelles, Dessins, Gravures

FAIENCES ET PORCELAINES

OBJETS DE VITRINE, SCULPTURES, OBJETS VARIÈS

BRONZES, PENDULES

Porcelaines, Bronzes et Matières dures d'Extrême-Orient

TAPISSERIES ANCIENNES

TAPIS D'ORIENT ET D'AUBUSSON

CHASUBLES, ÉTOFFES

DONT LA VENTE AUX ENCHÈRES PUBLIQUES AURA LIEU

HOTEL DROUOT, SALLE N° 10

LE VENDREDI 6 MARS 1914

A deux heures

COMMISSAIRE-PRISEUR

Me F. LAIR-DUBREUIL

6, rue Favart

EXPERTS

MM. PAULME & B. LASQUIN Fils

10, rue Chauchat – 11, rue Grange-Batelière

EXPOSITION PUBLIQUE

Le Jeudi 5 Mars 1914, de 1 heure 1/2 à 6 heures

CONDITIONS DE LA VENTE

Elle sera faite au comptant.

Les adjudicataires paieront *dix pour cent* en sus des enchères.

Paris. — Imp. de l'Art, Ch. Berger, 41, rue de la Victoire.

DÉSIGNATION

TABLEAUX, AQUARELLES, DESSINS
GRAVURES

A. R.

1 — *Fête de village en Bretagne.*

Aquarelle.

BOISSIEU (DE)

2 — *Vieillard barbu.*

Dessin.

CHÉRET — GOBAUT — MOREL-FATIO
VEYRASSAT

3 — *Épisodes de la campagne d'Italie — Paysages — Jeune Femme à sa toilette, etc.*

Neuf pièces : aquarelles, gouaches ou pastels.

ÉCOLE FRANÇAISE

4 — *Nature morte.*

Toile forme ovale.

ÉCOLE HOLLANDAISE

5 — *Paysage avec canal, barques et moulin à vent. — Vaches, berger et bergère.*

Deux dessins plume et lavis.

KARIGI

6 — *Vues d'Extrême-Orient.*

Six aquarelles.

LEGRAND ET WILLETTE (D'après)

7 — *Deux similis.*

Sous verre.

PAUL (H.)

8 — *Potager.*

Toile. Signée.

9 — Cinq gravures, d'après de Boissieu et autres.

FAIENCES ET PORCELAINES

10 — Groupe en porcelaine décorée, Saxe moderne : La Chaise à porteurs.

11 — Nécessaire de fumeur en biscuit de Wedgwood ; monture en bronze.

12 — Partie de service en ancienne porcelaine tendre de Tournay, comprenant : soupières, légumiers, sucriers, assiettes, etc., modèles et décor variés, en bleu.

13 — Grand vase en porcelaine décorée.

14 — Paire de girandoles, à quatre lumières, en porcelaine décorée, à figures d'enfants et rocailles. Genre Louis XV.

15 — Deux coupes en porcelaine décorée, à bordure lambrequin à imbrications et guirlandes ; monture en bronze. Genre Louis XVI.

16 — Paire de vases, de forme ovoïde, en porcelaine bleu turquoise, à décor de médaillons à personnages, réservés. Monture en bronze. Genre Louis XVI.

17 — Paire de vases en porcelaine, à fond bleu chargé de gerbes de fleurs en couleur ; monture à collerette, anses, et piédouche en bronze ciselé doré. Genre Louis XVI.

18 — Quatre fromagères en faïence de Delft, décor bleu.

19 — Plaque en même faïence : David et Goliath.

20 — Plaque en même faïence : décor maritime.

21 — Plaque en même faïence : sujet galant.

22 — Plaque en faïence de Castelli, présentant un camp. Encadrée.

23 — Deux grands plats en ancienne faïence de Delft, décor bleu ; rosace au centre.

24 — Plat creux en ancienne faïence italienne, à reliefs, émaillé en blanc.

25 — Petit plat en ancienne faïence de Delft, décor polychrome dit « au Tonnerre ».

26 — Groupe en ancienne porcelaine tendre émaillée blanc : Le Repos de Diane.

27 — Six assiettes en ancienne faïence française, décor volatiles et fleurs en couleur.

28 — Deux plats en ancienne faïence de Delft, décor à vase fleuri et fleurons en polychrome.

29 — Chimère en céramique chinoise.

30 — Deux grandes potiches en porcelaine de Chine, décor à personnages ; montées en lampes.

31 — Six assiettes en ancienne porcelaine de la Compagnie des Indes, décor à fleurs en couleur, et une assiette genre Chine.

32 — Plat ovale en ancienne porcelaine de la Compagnie des Indes, décor bleu.

33 — Plat creux en ancienne porcelaine du Japon, décor à compartiments rayonnants chargés de fleurs et oiseau. En bleu, rouge et or.

34 — Deux petits plats en ancienne porcelaine du Japon, décor au centre de chrysanthèmes; au marli, branches fleuries et attributs en bleu, rouge et or.

35 — Petit vase-rouleau en ancienne porcelaine de Chine, décor de pivoine dans des compartiments.

36 — Deux petits vases en porcelaine de Chine, décor à branches fleuries.

37 — Vase, forme balustre, à deux petites anses, en céladon gris craquelé de la Chine.

38 — Deux plats en ancienne porcelaine de Chine, l'un à décor bleu, l'autre en couleur.

39 — Vase-lancelle en porcelaine de Chine, décor à personnages et animaux, en bleu et blanc, sur fond chamois.

40 — Vase en porcelaine de Chine, décor à paysage en émaux de la famille verte.

41 — Vase en ancienne porcelaine de Chine, décor à rinceaux de fleurs, feuillage, chrysanthèmes et dragon.

42 — Autre vase en ancienne porcelaine de Chine, décor à lambrequins et médaillon sur fond à rosaces géométriques.

OBJETS DE VITRINE, SCULPTURES

OBJETS VARIÉS

43 — Bonbonnière ronde, couverte, en émail cloisonné de Chine.

44 — Miniature ovale : Portrait de femme, en robe décolletée blanche, écharpe rouge sur l'épaule gauche. Commencement du XIXe siècle.

45 — Petit Christ en ivoire sculpté.

46 — Statuette de divinité chinoise debout en ivoire sculpté. Sur socle en bois.

47 — Vase en cristal améthyste, simulant un bambou. Travail chinois.

48 — Petit vase en matière dure sculptée : oiseau, feuillages, branchages. Pied en bois de fer. Travail chinois.

49 — Vase quadrangulaire couvert, de forme aplatie, en jade gravé, muni de deux anses-anneaux mobiles. Travail chinois. Socle en bois.

*

50 — Quatre flacons en verre, décor en dorure.

51 — Nécessaire de bureau : écritoire, bougeoir, buvard, etc., en bronze. Ensemble, cinq pièces.

52 — Service à liqueurs, comprenant quatre flacons et huit verres, sur plateau à tige, en bronze ; fond de glace. XIXe siècle.

53 — Vase en albâtre sculpté, à deux anses feuillagées, et piédouche.

54 — Buste d'officier en marbre blanc.

55 — Lustre, à six lumières, en bois sculpté et doré.

56 — Bas-relief en bois sculpté, partiellement doré, présentant l'Annonciation. XVIIe siècle.

57 — Cadre rectangulaire en bois sculpté. Époque Louis XIV.

BRONZES EUROPÉENS ET D'EXTRÊME-ORIENT

PENDULES

58 — Deux plats en émail et émail cloisonné du Japon, à décor de dragons, sur fond aventuriné.

59 — Petit modèle de canon ancien.

60 — Flambeau, à deux lumières mobiles sur tige, en bronze, avec écran, et fleurettes en porcelaine. Genre Louis XV.

61 — Paire de chenets en bronze : Enfants sur rocailles. Genre Louis XV.

62 — Coupe en bronze, de *Léon Lecomte :* figure de femme allégorique au centre.

63 — Vase-cratère en bronze. *Édition Barbedienne.*

64 — Paire de chenets en bronze : lions couchés et boules.

65 — Paire de grands chenets en bronze : chien et chat sur des rocailles. Genre Louis XV.

66 — Paire de petits chenets et galerie en bronze. Genre Louis XVI.

67 — Paire d'appliques, à deux lumières, en bronze ciselé et doré, à bustes d'enfants engainés, se terminant en feuillages et tenant les rinceaux porte-lumière.

68 — Deux appliques en bronze, à trois lumières, disposées sur une couronne. XIXe siècle.

69 — Groupe en bronze, de Mène : La Prise du renard.

70 — Jument et son poulain, en bronze, de Mène. *Édition Barbedienne.*

71 — La Chasse aux canards. Bronze de Mène.

72 — Deux vases couverts en bronze, d'Extrême-Orient.

73 — Un vase couvert, à deux anses, en bronze, d'Extrême-Orient.

74 — Grand brûle-parfums en bronze, d'Extrême-Orient.

75 — Groupe de deux personnages, sur base, en bronze, d'Extrême-Orient.

76 — Vasque-jardinière en bronze, d'Extrême-Orient.

77 à 81 — Cinq bouddhas en bronze, d'Extrême-Orient.

82 — Pendule en bois moulùré, à fronton cintré.

83 — Petite pendule mouvementée en marqueterie de cuivre et écaille. Genre Louis XIV.

84 — Pendule en marbre noir, à quatre colonnettes, et bronze doré. Le cadran marqué : *Chapuy, rue Vivienne, N° 4.*

85 — Pendule en bronze, décor frise à palmettes, cornes d'abondance.

86 — Pendule en bronze doré et bronze patiné, à figure allégorique et trophées. XIXe siècle.

87 — Cartel en bronze giselé doré, modèle à cassolette, ruban, guirlande. Modèle Louis XVI.

SIÈGES ET MEULLES

88 — Petit fauteuil d'enfant en bois sculpté canné. Genre Louis XVI.

89 — Petit fauteuil d'enfant en bois laqué noir, décor à fleurs peintes au vernis; garniture de tapisserie au point.

90 — Cinq chaises en bois et pâte peint blanc.

91 — Deux fauteuils en bois et pâte peint blanc.

92 — Jardinière en bois de placage. Genre Louis XV.

93 — Petite étagère d'applique en bois de placage, ouvrant à deux portes. Époque Louis XVI.

94 — Petite vitrine en bois sculpté doré, ouvrant à une porte. Genre Louis XVI. (*Escalier de cristal.*)

95 — Petite glace, dans un cadre en bois sculpté ciré; fronton à vase enguirlandé.

96 — Chevalet en bois sculpté et marqueterie.

97 — Monture d'écran en bois sculpté doré.

98 — Grand miroir, dans un cadre en bois sculpté doré, à grands ramages de feuillages. Travail italien.

99 — Petit écran en bois verni ; cadre et monture-support en bois sculpté.

100 — Petite table ronde, à tablette d'entrejambes, en bois de placage. Genre Louis XVI.

101 — Table à jeu rectangulaire en bois de placage.

102 — Deux encoignures en acajou, à une porte, frise et chutes en bronze ; dessus de marbre à galerie. Genre Louis XVI.

103 — Table de chevet en acajou, portes à coulisse et tiroir ; dessus de marbre. Époque Louis XVI.

104 — Petite table basse à casier en acajou ; dessus de marbre. XVIIIe siècle.

105 — Petite table carrée, à trois tiroirs et tablette d'entrejambes.

106 — Petit chiffonnier, à quatre tiroirs, en acajou ; dessus de marbre.

107 — Petit meuble d'entre-deux, à deux portes et un tiroir en bois de placage ; dessus de marbre blanc. Genre Louis XVI.

108 — Petite table-poudreuse en bois fruitier ciré ; le dessus ouvrant à charnière, et pupitre. Époque Louis XVI.

109 — Petite table rectangulaire, munie d'un tiroir formant bureau, en marqueterie. Genre Louis XVI.

110 — Petite table ovale en acajou, à tablette d'entrejambes, ouvrant à une porte à coulisse ; dessus de marbre, galerie ajourée en cuivre.

111 — Petit guéridon en bronze ciselé, à trépied ; têtes de béliers et pieds fourchus. Genre Louis XVI.

112 — Table à ouvrage en bois laqué, avec piètement en bois sculpté doré, figurant des dragons. Travail chinois.

113 — Console en bois sculpté repeint, décor de rocailles, feuillages et guirlandes ; dessus de marbre. Époque Louis XV.

114 — Petit bureau bonheur-du-jour en acajou, à casiers, portes et tiroirs.

115 — Table à jeu demi-circulaire en acajou et baguettes de cuivre. Époque Louis XVI.

116 — Clavecin en acajou.

117 — Paravent, à six feuilles, en toile peinte : paysages sur l'une des faces, et guirlandes de fleurs sur l'autre.

118 — Armoire en bois sculpté ciré, à deux portes. Elle est décorée de rosaces, écoinçons à arabesques, étoiles à pointes de diamant. Époque Régence.

TAPISSERIES ANCIENNES

TAPIS D'AUBUSSON ET D'ORIENT

ÉTOFFES

119 — Un lot de lampas et un lot de franges.

120 à 129 — Sous ces numéros, seront vendues vingt chasubles anciennes en soie brochée, de modèles variés.

130 — Tapis de prière d'Orient en soie, motif central, fond vert; contrefond crème.

Long., 1 m. 65 cent.; larg., 1 m. 10 cent.

131 — Tapis de prière ancien d'Orient, décor porte de mosquée avec lampe, se détachant sur fond vert. Bordures fond blanc, à rosaces, feuillages et caractères d'écriture stylisés.

Long., 1 m. 85 cent.; larg., 1 m. 20 cent.

132 — Carpette ancienne du Daghestan, à dessins réguliers losangés, à fond rouge. Petite bordure jaune.

Long., 2 m. 45 cent.; larg., 1 m. 40 cent.

133 — Carpette ancienne de Chiraz, à rosaces géométriques à fond rouge, contrefond bleu. Bordure fond rouge.

Long., 2 mètres; larg., 1 m. 38 cent.

134 — Tapis-galerie persan ancien, à motif allongé fond bleu, sur contrefond rouge. Petite bordure à grecques, fond blanc.

Long., 4 m. 60 cent.; larg., 87 cent.

135 — Carpette ancienne de Khorassan, médaillon central et écoinçons fond bleu; contrefond rouge.

Long., 1 m. 90 cent.; larg., 95 cent.

136 — Tapis ancien d'Afghanistan, à dessins réguliers, à fond rouge, contrefond brun.

Long., 2 m. 40 cent.; larg., 1 m. 60 cent.

137 — Tapis Kirman du XVIIe siècle, présentant au centre une grande rosace polylobée, fonds bleu, rosé, jaune, chargés de feuillages stylisés. Bordures à arabesques.

Long., 4 m. 60 cent.; larg., 3 m. 10 cent.

138 — Grand tapis d'Aubusson du commencement du XIXe siècle, présentant au centre une rosace sur fond blanc dans un médaillon de fleurs; aux angles, vases fleuris et rinceaux. Contrefond vert. Bordure à cordon de fleurs et feuillages, sur contrefond brun.

Long., 5 m. 05 cent.; larg., 4 m. 17 cent.

139 — Cantonnière en ancienne tapisserie du XVIIe siècle, à grosses fleurs, feuillages et fruits. (Parties modernes à la partie inférieure des pentes.)

Haut., 3 m 35 cent.; larg., 1 m. 95 cent.

140 — Tapisserie rectangulaire du XVIIe siècle, présentant une composition à deux grands personnages sur fond de paysage. Bordure d'encadrement à cordon de feuillages et fleurs, vases et trophées à carquois.

Haut., 2 m. 90 cent.; 2 m. 65 cent.

141 — Tapisserie rectangulaire des Flandres du XVIIe siècle, présentant une composition à grands personnages, tirée de l'Ancien Testament. Bordure, haut et bas, à guirlandes et cartouches cantonnés d'enfants.

Haut., 3 m. 95 cent.; larg., 2 m. 60 cent.

142 — Objets omis.

www.ingramcontent.com/pod-product-compliance
Ingram Content Group UK Ltd.
Pitfield, Milton Keynes, MK11 3LW, UK
UKHW022153260726
13993UKWH00005B/2344